LES MINISTRES

EN

ROBE DE CHAMBRE.

IMPRIMERIE DE VICTOR CABUCHET,
RUE DU BOULOI, N° 4.

LES MINISTRES

EN

ROBE DE CHAMBRE.

PUBLIÉ PAR RABAN.

CHEZ LES LIBRAIRES DU PALAIS-ROYAL.

M DCCC XXVI.

LES MINISTRES

EN

ROBE DE CHAMBRE.

Audacieux et fluet, et l'on parvient à tout, dit le solliciteur; pour moi, qui, grâce au ciel, possède ces deux brillantes qualités, je puis me flatter d'être déjà parvenu bien loin, quoique je ne possède encore aucune des places que j'ai convoitées, et pour lesquelles j'ai fait une terrible consommation de chaussure : que de *becquets* à mes escarpins ! combien de côtelettes aux surnuméraires ! que de fers à mes bottes, et de polichinelles aux marmots des suisses !..... et à quoi tout cela m'a-t-il conduit ? à rien.....

Quand je dis rien, cela n'est pas exact ; car, ainsi que je l'ai avancé plus haut, j'ai pénétré plus loin que les quatre-vingt-dix-neuf centièmes des solliciteurs, et si cette aventure ne m'a pas donné de place, elle me donne le moyen de faire quelque bruit dans le monde, ayan-

tage que certaines gens paieraient
bien cher, s'ils pouvaient l'acheter.
Voici le fait : à force de courbet-
tes, de suffisance, de légèreté et
d'à-plomb, j'étais parvenu, chose
presque incroyable, à m'intro-
duire dans le cabinet du premier
ministre ; et, ma pétition d'une
main, mon chapeau de l'autre, le
monseigneur sur les lèvres, et l'é-
pine dorsale en conversion, j'at-
tendais la venue du grand homme,
arbitre de mes destinées : tout à
coup le bruit des pas de plusieurs
personnes vient frapper mon oreille
étonnée ; j'écoute attentivement,
et je reconnais bientôt qu'au lieu

d'une excellence , il en vient deux,
et que la conversation est très-ani-
mée entre elles. Des excellences
qui se querellent ne sont pas de
bonne humeur, c'est une réflexion
que je fis sur-le-champ ; et une ex-
cellence qui n'est pas de bonne hu-
meur envoie très-volontiers les sol-
liciteurs au diable , et comme un
solliciteur ne craint rien plus que
les rebufades 'd'un *monseigneur*,
je me trouvai, de conséquence en
conséquence, forcé de chercher,
sous le bureau , un refuge contre
la mauvaise digestion ministé-
rielle ; car ils avaient mal digéré,
rien n'est plus certain : c'est un

accident qui leur arrive souvent, et l'on s'en aperçoit de reste aux beaux projets qu'ils enfantent.

J'étais donc, grâce à l'exiguité de mon individu, blotti, moi chétif, sous le bureau d'un grand homme, lorsque la conversation suivante attira mon attention, et me dédommagea en quelque sorte de la torture que j'endurais avec la résignation d'un solliciteur émérite.

— Vous me mettez dans de beaux draps, disait le garde-des-sceaux, avec votre droit d'aînesse, que le diable confonde ! J'ai cru d'abord, lorsque vous me don-

nâtes le conseil de fabriquer promp-
tement ce projet ; j'ai cru, dis-je,
qu'il allait être couvert de bravos;
il semblait, à vous entendre , qu'il
ne nous manquât que cela pour
nous placer au premier rang des
ministres passés et futurs ; et à
peine en a-t-il été question , que
toute la France sembla se liguer
contre moi ; je ne perds pas cou-
rage cependant, je soutiens que
le projet est bon *quand même ;*
je sue sang et eau pour faire en sa
faveur un discours à la Cicéron;
je soutiens que l'égalité des par-
tages est *bonne pour des sauvages,*
que les pères qui aiment autant

les cadets que les aînés, *sont de
véritables hommes des bois*, et
toute mon éloquence ne sert qu'à
me faire huer, conspuer, vilipen-
der. Corbleu ! M. le président du
conseil, cela passe la plaisanterie ;
n'était-ce pas assez d'avoir, avec
cette loi du *sacrilége*, fait crier
contre moi tous les vilains ? Ah !
sandis ! si j'étais encore maître en
fait d'armes comme il y a vingt
ans, que de semelles je ferais rom-
pre à tous ces braillards !.... Mais
ce temps est passé, il est si loin
que je me le rappelle à peine, et
maintenant que je suis ministre,
il me semble que je l'ai été toute

ma vie. Je conviens qu'il est bien doux de s'entendre appeler *Sa Grâce;* mais ce qui ne l'est pas, c'est qu'on se moque de *ma Grâce* encore plus que de *votre excellence,* et pourtant, Dieu sait si cela est juste ; car, après tout, je ne suis que le parrain de vos enfans ; s'ils ont de mauvais principes, ce n'est pas ma faute, et si les Chambres les rejettent, mettez-les à l'école, quant à moi, j'ai déjà bien assez de ceux de ma femme, et capédébious !.....

Ici Sa Grâce porta la main à son front, fit une pirouette, et son talon vint se placer sur ma main gauche,

que par distraction j'avais allongée
hors de ma cachette. Je retins un
cri prêt à m'échapper, et la dou-
leur fut si vive qu'il s'écoula plu-
sieurs secondes sans qu'il me fût
possible d'écouter. Lorsque j'eus
repris mes sens, un murmure na-
zillard m'annonça que le ministre
en chef avait pris la parole ; j'écou-
tai de nouveau avec attention.

« De quoi diable vous plaignez-
vous donc, mon cher comte? ne de-
vriez-vous pas vous tenir pour con-
tent que sur trois articles, on vous
en ait laissé un ; et alors que cette
loi eût été rejetée entièrement,
vous devriez me savoir gré de vous

en avoir donné l'idée. Je suis d'une certaine force en fait de calcul, et personne n'en doute, depuis que j'ai prouvé très-clairement que du trois pour cent à soixante-seize valait mieux que du cinq pour cent à quatre-vingt-dix-huit. Nous sommes dans le siècle du positif, mon cher collègue ; c'est avec des chiffres maintenant que l'on raisonne ; voici donc mon raisonnement à votre égard. Je me suis dit : le ministre de la justice est détesté de la France entière....

— Comment, sandis ! vous avez dit cela ?....

— Sans doute. N'allez-vous pas

vous fâcher pour une vérité ? Est-ce qu'une foule de gazettes ne s'est pas chargée de nous regaler chaque matin des quelques gentillesses de ce genre-là ?.... Mettez-vous donc, mon cher comte, à la hauteur des circonstances ; cela doit vous être plus facile qu'à un autre ; car, en votre qualité de mari..... je voulais de mari. ... enfin vous comprenez ; en cette qualité-là, vous devez être philosophe, et mettre sous le pied, ce que des gens moins aguerris portent sur le front..... Revenons à mon calcul. Je disais donc. Mon cher collègue étant détesté de toute

la France , n'est-ce pas lui rendre
un véritable service que de par-
venir à le faire détester seulement
des trois quarts de la population ?
Il y gagnerait un quart , et si j'ai
le bonheur de trouver les cadets
un peu moins hargneux que les
rentiers , peut-être y gagnera-t-il
deux cinquièmes. Alors je cher-
chai le moyen d'atteindre à ce but,
et je n'en trouvai pas de plus sim-
ple que de vousengager à proposer
le rétablissement du droit d'aî-
nesse ; car , pensais-je , quel que
soit le résultat de cette proposition,
les aînés ne pourront se dispenser
d'un peu de reconnaissance , et il

y aura réduction de haine. Ne re-
marquez-vous pas, mon cher
comte, la profondeur de cette
conception?.. Tenez, entre nous,
je puis vous dire que je suis un
homme de génie supérieur, et.....

— Vous faites bien de m'en
avertir, bagaz! car je veux que
le diable m'emporte si je l'avais
deviné. Mais puisque vous appli-
quez si heureusement votre sys-
tème de réductions, comment se
fait-il que vous n'ayez pas encore
tenté pour vous, ce que vous avez
fait pour moi?

— C'est-là justement ce qui
prouve que je ne suis pas un

homme ordinaire, mon cher ami. Je veux que l'on parle de moi, que l'on s'occupe de moi, et que l'on pense toujours à moi, attendu qu'un grand homme doit avoir de la célébrité, et j'aime bien mieux être détesté de trente millions d'individus que d'en être ignoré.

— A la bonne heure ; mais il est une chose dont vous faites encore plus de cas que de la haine d'une nation, c'est votre portefeuille ; or, du train dont vont les choses, il ne serait pas surprenant qu'il vous échappât au premier moment, ainsi que le mien et celui de notre ami Corbière.

—Je vous dis, comte, que vous n'entendez rien aux affaires : les finances sont dans un tel état, que le plus intrépide postulant n'oserait en approcher. Il est vrai que je ne m'occupe guère de débrouiller ce chaos, et j'avoue même que cela est impossible ; mais on me croit capable de faire l'impossible, et c'en est assez pour me maintenir.

—Tudieu ! mon ami, l'habile homme que vous êtes !.... et que ces grands orateurs, avec leurs longs discours, sont de pauvres sires, comparés à des hommes de notre trempe ; vous avez vraiment trouvé le meilleur moyen de rester ministre, et quand j'y réflichis, je suis tout surpris que cette idée-là ne me soit pas venue à moi..... Parbleu! cela est tout simple, et je veux dès demain commencer à mettre mon. département sens dessus dessous.... Mais, mon cher, ne serait-il pas généreux, et vraiment digne de nous, de communiquer cette excellente recette à notre ami de l'intérieur ? —

A peine le garde-des-sceaux avait-il prononcé ces dernières paroles, que la porte s'ouvrit, et l'on annonça M. de Corbière.. Contre l'ordinaire, son excellence paraissait très-animée.

— Cela se conçoit-il ! ils ont re-
jeté la loi malgré mon discours!...
un chef-d'œuvre auquel mon se-
crétaire Godiche * a travaillé deux
mois, et que j'ai débité comme
mon *Pater* !.... Faites donc des
frais d'éloquence ! Payez des gra-
tifications pour avoir des périodes
arrondies !.... Et mon improvisa-
tion, comment l'avez-vous trou-
veé? Godiche n'a jamais fait mieux ;
il est vrai que nous y avons tra-
vaillé ensemble pendant une quin-
zaine, aussi est-ce soigné !.....

(*) C'est le nom du secrétaire de
M. le comte de Corbière.

LE GARDE-DES-SCEAUX.

L'opposition va chanter victoire ; c'est le plus désagréable.

LE PRÉSIDENT DU CONSEIL.

Victoire ! pourquoi cela ?

LE MINISTRE DE L'INTÉRIEUR.

Pourquoi ? Belle question ! parce que la loi n'a point passé.

LE GARDE-DES-SCEAUX.

Nous dirons que nous l'avions prévu.

LE PRÉSIDENT DU CONSEIL.

Je veux prouver dans l'Etoile que ce rejet est une victoire pour nous.

LE MINISTRE DE L'INTÉRIEUR.

C'est un peu fort !

LE PRÉSIDENT DU CONSEIL.

J'en ai fait bien d'autres !

Il se fit alors un instant de silence, et au moment où le ministre des finances se disposait à prendre la parole, l'honorable M. de Corbière se mit à bâiller d'une telle force qu'il me fut impossible de me contenir, et je bâillai moi-même de façon à me décrocher la machoire : l'alarme se répandit aussitôt parmi le triumvirat : l'un tomba en syncope, l'autre se jeta sur un fauteuil, et le troisième, par un reste d'habitude, se mit à chercher ses fleurets et son plastron. Quant à moi, je m'élance hors de ma retraite, le bureau tombe avec fracas sur le parquet, et profitant de la confusion, je gagne au large, de toute la vitesse de mes jambes de solliciteur.

FIN.